AF509605

LETTRE

ECRITE
PAR UN SECULIER
A SON AMY.

Sur les desordres qui se commettent à Paris, touchant la Comedie.

Et sur les Representations qui s'en font dans les maisons particulieres.

Par M. ***

A PARIS,

De l'Imprimerie de JACQUES JOSSE, ruë S. Jacques, à la Colombe Royale, prés saint Yves.

M. DCCX.

Avec Approbation, & Privilege du Roy.

LETTRE

Ecrite par un Seculier à son Amy, sur les desordres qui se commettent à Paris touchant la Comedie.

Et sur les representations qui s'en font dans les Maisons particulieres.

'EST avec douleur, mon cher Amy, que je trouble le repos de vostre solitude, pour vous instruire des desordres scandaleux qui se sont glissez à Paris, touchant la representation des Comedies qui s'y font depuis peu dans les maisons particulieres; Ce desordre est arrivé dépuis que le

Roy par une sage Ordonnance a
confirmé celle de ses Predecesseurs,
qui ont dans tous les temps défendu les jeux de hazard & exces-
sifs, parce qu'ils desoloient les
familles, & ruinoient les particu-
liers.

Les Femmes qui se sont vû con-
traintes de changer ou de diminuer
l'excés de leurs jeux, pour obéïr à
ses ordres, où peut-eftre à cau-
se de la disette d'argent dans un
temps de calamité, où la main de
Dieu s'appesantit sur nous, ont voulu se dédommager en changeant de
plaisirs qui leurs coutassent moins,
mais qui sont plus pernicieux dans
leurs effets.

Elles ont inventé, pour calmer
leurs ennuis & pour adoucir leur oi-
siveté, de s'adonnner elles-mêmes
à la representation des Pieces de
Theatres, & aprés avoir suivi les
indignes modes des Comediens,
& s'eftre habillées en leurs manieres,

elles font devenuës Comediennes elles-mêmes, & font à prefent leur principale étude de les imiter, & de les reprefenter fur des Theatres qu'elles élevent à grands frais dans leurs propres maifons.

Ce fçandale a efté fi loin, qu'il y a peu de quartiers dans Paris, où il n'y ait des Troupes monftrueufes de ces fortes de Comediennes, qui fe diftinguent par les dénominations particulieres qu'elles donnent à chacunes de leurs Troupes, & qui pour fe rendre habiles dans un employ fi funefte, s'y font inftruire par les plus excellents Comediens qui leurs apprennent cherement l'art de réüffir dans un métier fi infâme & fi dangereux pour leurs mœurs.

Il eft vray que fi elles connoiffoient les perils où elles s'engagent, & les malheurs qui en peuvent arriver, elles s'en retireroient bientoft. C'eft ce qu'il leur faut montrer dans cette Lettre, & leur faire voir qu'elles font dans un état tres-funeſte pour leur ſalut, & qu'elles cauſent plus de mal & de ſcandale dans ces repreſentations, que les Comediens même en font par les Pieces qu'ils joüent ſur le Theatre.

Il eſt certain que les Comedies ont eſté introduites durant le Paganiſme, par l'oiſiveté & les débauches des jeunes gens, qui voulant s'autoriſer dans leurs vices, conſacroient ceux de leurs Dieux dans des repreſentations comiques; on les commençoit ordinairement aprés des repas exceſſifs, & c'eſt de là qu'elles ont pris en partie leurs dénominations. Il ne faut plus s'étonner ſi elles renferment tant de deſordres & de diſſolutions. On y repreſentoit les Amours furtifs & clandeſtins de leurs Dieux, leurs inceſtes, leurs adulteres, leurs coleres & leurs vengeances, & l'on apprenoit à connoître ces crimes en les repreſentant.

LesPayens mêmes en conçurent dans la suite tant d'horreur, qu'ils chaſſoient honteuſement de leurs maiſons les enfans qui s'engageoient dans ces Troupes libertines, & les châtioient de la peine de l'exheradation. Les Cenſeurs firent abattre dans Rome les Theatres qu'on avoit dreſſez pour repreſenter les Comedies, de crainte que ces repreſentations laſcives ne ſoüillaſſent la pureté des mœurs.

Pompée fit demolir celuy qu'il avoit fait élever pour les repreſenter, dans l'apprehenſion qu'il eut qu'un édifice ſi infâme ne ternit pour toûjours ſa memoire.

Mais ce voluptueux Romain fit en ſa place bâtir un ſuperbe Temple à Venus, où l'on les joüoit, voulant ainſi ſous une apparence trompeuſe de Religion, & ſous le nom d'unTemple conſacré àuneDeeſſe, cacher la honte du Theatre. Si les Payens en ont eu tant d'horreur,

comment eſt - ce que des Dames
Chrétiennes oſent en élever dans
leurs maiſons, ne doivent-elles pas
apprehender avec plus de juſtice que
ce Romain, de ternir leur honneur
& leur repuration.

Les Empereurs qui ont ſouffert
les ſpectacles par une lâche condeſ-
cendance pour les peuples , ont à
même temps chargé d'infamie ceux
qui les repreſentoient ; ils les en ont
exclus de toutes ſortes de dignitez,
& rendus incapables de porter aucun
témoignage en Juſtice ; quelle biza-
rerie ! pourquoi ſouffrir ce qu'on a
condamné ? n'eſt-ce pas convenir
que la choſe eſt manifeſtement mau-
vaiſe.

Auſſi Tertullien ſe mocquoit in-
genieuſement des Dieux des Payens
qui ſe plaiſoient qu'on leurs rendit
un culte deshonnête dans les Comedies,& ſe railloient des Romains,
qui déclaroient infâmes ceux qui
leurs rendoient ce culte ; accordez-

vous avec vous-même, leur difoit-il, où ne diffàmez pas ceux qui leur rendent cet honneur; ou fi vous les diffàmez, ne fouffrez plus qu'ils le leur rendent.

La même chofe arrive cependant aujourd'huy parmy les Chrétiens ; on a en horreur les Comediens, & on aime leur reprefentation, il faut enfin fe déterminer. Si on a de l'averfion pour les Comediens, il faut neceffairement haïr la Comedie ; cette haine donnera un mépris falutaire de leurs reprefentations, & de celles qu'on en fait dans leurs maifons particulieres, & le fcandale public qu'elles caufent ceffera auffi-tôt.

En effet, quel maux effroyables ne produit pas la Comedie. Le premier qu'elle engendre, c'eft l'oifiveté qui en eft la fource funefte, on va à la Comedie pour fe décharger d'un fardeau fi pefant, il femble que le Demon ait droit fur luy quand il le trouve sans occupation pour l'entretenir dans sa fainéantise il le mene à la Comedie, il est sûr qu'il ne luy échappera pas estant dans un lieu qui luy appartient, c'est une école où il luy apprend toutes sortes de vices.

Le second mal que produit la Comedie, est qu'elle séduit l'esprit & corrompt le cœur, une funeste experience fait voir qu'on y contracte les mêmes inclinations, & qu'on s'abandonne aux mémes passions qu'on y voit si naturellement dépeintes, & si agréablement representées;elles s'insinuënt dans l'esprit & entrent insensiblement dans le cœur ; on aime ensuite les portraits qu'on nous en fait ; parce qu'on les trouve semblables aux nôtres, on se plaît a en voir les images, on écoute avec plaisir les vers tendres & passionnez qui nous les tracent si vivement, & on si trouve comme transformé dans les mêmes paſſions du perſonnage qu'on jouë.

Ce qui eſt excuſable dans la plû-part des Tragedies & des Come-dies, eſt que les Auteurs ſe plaiſent à repeter dans l'eſprit, les infamies & les anciens crimes qui ſe ſont commis dans les ſiecles les plus re-culez, comme s'ils ne devoient pas eſtre effacez pour jamais de la me-moire des hommes ; les vices ne vieilliſſent point, & l'on apprend ſouvent à les ſuivres en les enten-dant reciter, ce ſont de mauvais exemples qu'on n'imite que trop ſouvent.

Si l'homme a tant de penchant au mal, ne tombera-t-il pas s'il va à la Comedie, qui en eſt une occa-ſion prochaine ; il y eſt attaqué de toutes parts, tous ſes ſens ſe re-voltent, comment pourra-t-il reſi-ſter à tant de traits, s'il tombe de luy-même? que ne fera-t-il pas quand on le pouſſe ?

C'eſt un grand malheur pour ceux qui s'attachent à compoſer les Pieces de Theatre , plus ils ſont éloquens , plus ils ſont dangereuux , la beauté & la force de leurs vers , ne ſervent qu'à mieux inſinuer dans l'eſprit les vices qu'ils repreſentent ; quelle deſolation pour eux d'employer ſi mal la ſubtilité de leur genie ! ils ſont devant Dieu les premiers coupables des pechez qui ſe commettent ; le mal qu'ils font eſt comme irreparable , ils ne peuvent plus ramener à leurs devoirs les ames qu'ils ont ſéduites & perduës.

Ils ne ſçauroient diſconvenir qu'en diſcernant dans les Comedies avec tant d'adreſſe , les intrigues de l'amour; ils n'inſpirent l'impudicité, & qu'en repreſentant dans la Tragedie les adulteres , les inceſtes & les meurtres abominables qui ſe ſont commis , ils n'enſeignent ſouvent à les commettre ; l'attention ſerieuſe qu'on donne à ces funeſtes representations, & la joye qu'on marque à écouter des paroles laſſives & dé- guiſées, font bien voir la corruption qu'elles inſinuent, & le cœur qui étoit auparavant innocent & tran- quille, ſe trouvera en peu de temps troublé & corrompu.

Le troiſiéme mal que cauſe la Comedie, eſt qu'elle donne aux yeux & aux oreilles la dangereuſe liberté de tout voir & de tout en- tendre. Rien n'eſt plus libre que la faculté de ces deux ſens, ils ſont toûjours ouverts, ſi on ne les capti- ve pas, on ne voit & on n'entend ſouvent que de mauvaiſes choſes. C'eſt à la Comedie qu'on leur lâ- che la bride, & qu'on leur permet de tout voir & de tout entendre.

Le mouvement de l'œil eſt leger & facile, l'oreille eſt toûjours at- tentive, les regards s'échappent ſouvent malgré nous ſur les objets agréables qui les attirent, & qui paſſent preſque toûjours des yeux au cœur, on a beau faire un pacte avec eux, & se confier à ses propres forces, ils sont bien-tôt séduits, & l'ame ressent alors toute sa foiblesse. Si-tôt qu'ils ont acquis la liberté des regards, ils deviennent dans peu impudiques, & l'on connoît l'impureté du cœur par l'incontinence de la vûë. Et c'est dans la Comedie qu'on trouve ce miserable écueil, puisqu'on n'y va que pour y voir & y estre vûë, que pour tout entendre, & non pas pour y fermer ses yeux & boucher ses oreilles.

Dans le temps qu'Augustin vivoit dans ses débauches, il attira aux spectacles son amy Alipe qui en avoit une veritable repugnance, ne pouvant luy resister, par complaisance, il fit auparavant un pacte avec ses yeux de ne point regarder ce qui se passeroit dans l'amphiteatre. Heureux s'il en avoit fait un avec ses oreilles. Car un grand éclat s'étant élevé, & ayant frappé ſes oreilles, il luy fit ouvrir les yeux, & regarder avec plaiſir tout ce qui ſe preſenta; il en fut charmé, l'inclination ſucceda aux charmes, & l'on ne vit plus que luy dans les ſpectacles; la même choſe arrive à la Comedie, quelque reſolution qu'on puiſſe prendre.

Le quatriéme, & le plus grand mal que produit la Comedie, eſt qu'elle fait perdre tous les ſentimens de Religion, & violer les vœux ſolemnels qu'on a fait au baptême. On y a promis de renoncer au demon & à ſes pompes. Aller à la Comedie c'eſt violer ſa promeſſe & ſuivre les pompes du démon, parce que c'eſt luy qui a inventé ces honteux ſpectacles; c'eſt croire en luy qui en eſt l'auteur, ce n'eſt plus croire en Jesus-Christ qui les condamne, & qui a prononcé contre le monde ſes maledictions à cauſe de ſes ſcandales, on efface déslors le caractere du Chrétien, on devient des

tranſgreſſeurs de la Loy , & les ennemis de l'Egliſe dont on ne craint
plus les anathêmes , on mépriſe les
Autels & on reſpecte le Theatre ,
on retient mieux un mauvais mot
à la Comedie, qu'à ne Maxime évan-
gelique dans le Temple, les heures
ſe paſſent bien vîte aux ſpectacles
& durent beaucoup dans l'Egliſe.

N'eſt-ce pas là une preuve certai-
ne du déreglement que cauſe la Comedie.

En effet , à quoy peut-elle ſervir,
qu'à inſpirer le vice , qu'à ſoüiller
l'imagination, & qu'à corrompre les
mœurs ; en ſort-on jamais auſſi innocent qu'on y eſt entré ? le cœur
n'eſt-il pas agité des mêmes paſſions
qu'on y repreſente ? ne s'offre-t'elle
pas ſans ceſſe a l'eſprit , & n'en chaſ-
ſe-t-elle pas les ſentimens purs de
la Religion, qui ne peuvent pas s'ac-
corder avec les idées monſtrueuſes
qui en reſtent.

Auſſi rien n'eſt plus contraire à
l'eſprit

l'esprit de noſtre Religion, que de
voir autoriſer dans les Tragedies
la haîne, la vengéance & l'impieté;
les Poëtes ne ſe donnent-ils pas la
liberté de les faire paſſer pour des
vertus humaines, en loüant des hai-
nes implacables, des vengeances
cruelles, & des blaſphêmes que les
Payens proferoient contre leurs
Dieux, en les accuſant d'injuſtice &
de cruauté, n'inſinuënt-ils pas dans
l'eſprit & dans le cœur ces déteſta-
bles exemples, qui détruiſent le par-
don des ennemis par la vengéance,
les reconciliations, par des haînes
inveterées & hereditaires, & la pieté envers Dieu par les murmures,
& comme l'objet de la Religion eſt
de calmer les paſſions, celuy de la
Comedie eſt de les exciter & de les
allumer davantage; rien n'eſt donc
plus contraire à l'eſprit de noſtre
Religion que la Comedie, puiſqu'elle reveille les paſſions quand elles
ſont aſſoupies, & les ralume quand

B

elles font éteintes.

Ceux qui difent que les Comedies ne les touchent point, & qu'elles ne font aucune impreffion fur
leurs efprits, font des menteurs ou
des ftupides ; car il faut neceffairement, fi elles ne les touchent point,
qu'ils foient ou infenfibles ou cor-
rompus, & que le venin fecret qui
s'infinuë n'ait plus rien trouvé à
gâter chez eux & à corrompre ;
mais ce font des menteurs, parce
qu'il n'y a point d'affection fans paffion, & de paffion fans mouvement
du cœur.

En effet, les Comedies font d'au-
tant plus dangereufes, qu'il faut que
l'action violente d'un Comedien ,
qui reprefente une paffion avec ardeur , l'agite neceffairement luy-
même , fans quoy il jouëroit mal
fon rôle ; l'Auditeur qui l'écoute en
eft auffi neceffairement émû , il entre infenfiblement dans la même
paffion, & en reffent les impreffions

dans luy-même, & comme ces impreſſions ſont toûjours dangereuſes, il eſt impoſſible qu'elles ne ſéduiſent l'eſprit, & qu'elles ne corrompent le cœur; la plus forte vertu ſe trouve ébranlée, & la plus foible entierement vaincuë.

Ce qui cauſe la contagion funeſte de la Comedie, eſt qu'elle inſinuë le vice, & que les Comediens leperſuadent, ceux qui y aſſiſtent avalent ce venin ſans qu'ils s'en apperçoivent; les filles y apprennent ces endroits tendres & affectueux pour inſpirer de l'amour, & rendent leurs cœurs ſenſibles à le recevoir, l'amant & l'amante ſe perdent tous deux, l'un en communiquant ſon mal, l'autre en le recevant.

Aucun des Peres de l'Egliſe n'a mieux expliqué les dangers de la Comedie que Saint Auguſtin, parce qu'il en avoit reſſenti luy‑même par l'ardeur qu'il avoit d'y aller , les plus fortes & les plus vives atteintes ; il a avoüé qu'il y voyoit l'image de ses passions, & qu'il y brûloit d'un feu qui allumoit sa concupiscence ; mais ce qui l'étonnoit est qu'il y ressentoit à même temps deux passions contraires de tristesse & de joye. Il se faisoit une joye de sa douleur quand le Comedien en avoit bien representé tous les traits, on sortoit chagrin contre luy quand il ne l'avoit pas bien exprimée ; il déplora en cela la misere & la foiblesse de son esprit, d'avoir versé des larmes au recit des funestes avantures, & d'avoir même trouvé du plaisir dans ces pleurs & dans la tristesse.

La séparation de deux personnes qui s'aimoient touchoit son cœur, le succés de leur amour le réjoüissoit ; ainsi entraîné par les mouvemens des Scenes differentes , il n'estoit pas le maître de luy-même, tantost dans la tristesse & tantost

dans la joyë , il étoit comme une
barque agitée des vents, & quelque
force d'esprit qu'il pût avoir , il se
laissoit entraîner par ces differentes
passions , tant il est vray que la Comedie les remuë &. les agite , &
qu'il est impossible d'en sortir qu'on
n'en ressente les mêmes mouvemens.

Si ce grand & vaste genie avouë
librement & avec ingenuité qu'il a
esté touché à ces representations ,
que peuvent dire à present ses pré-
tendus esprits forts , qui s'imaginent
que la Comedie n'excite en eux aucune émotion ; il faut , comme on a
déja dit , qu'ils soient ou des im-
posteurs ou des insensibles , ou des
personnes corrompuës. Voilà trois
caracteres.

C'est une illusion de croire que
les Tragedies & les Comedies ne
sont plus dangereuses depuis qu'on
en a retranché ce qu'il y avoit d'impur & de deshonnête ; au contraire
elles en sont plus à craindre , parce

que si on en a retranché en apparence ce qu'il y a d'impur & de cho-
quant , on en a conservé tout l'esprit , les mêmes pensées y sont toûjours sous des termes équivoques &
adoucis, & si on les a revêtus d'ha-
billement plus modeste , c'est afin
de ne pas effaroucher la pudeur du
sexe ; le venin y reste toûjours, on
le fait avaler dans des coupes do-
rées , & plus on la rendu agréable
par la délicatesse des vers , plus ce
poison s'insinuë mieux dans le cœur.

Il y en a même qui disent que les
Tragedies & les Comedies, contien-
nent souvent une morale solide , &
qu'elles servent quelquefois à corri-
ger les mœurs ; mais on se trompe,
l'amour profane est toûjours l'esprit qui les anime , on le represente
& on le fait sentir avec tant d'a-
dresse & d'une maniere si passion-
née , qu'il penetre jusqu'au fond du
cœur ; si l'amour ne s'en mêloit pas
elles seroient insipides , & ne servi-

roient qu'à dégouter l'Auditeur &
à ruiner les Comediens.

C'eſt d'ailleurs une pure illuſion
de dire qu'ils puiſſent ſervir à cor-
riger les mœurs, puiſqu'on ne va
pas à la Comedie pour ſe reformer
& pour ſe convertir, on cherche à
flatter ſes paſſions & non pas à les
dompter.

Mais peut-on rapporter une preuve plus forte ni plus ſenſible que la
Comedie a perverti les mœurs des
femmes & des filles au lieu de les
reformer, qu'elle a même entierement troublé leurs imaginations,
que de les voir nonſeulement aſſiſter
aux ſpectacles & aux Comedies les
Dimanches & les Feſtes qui ſont
conſacrez au Seigneur; mais encore de ſe porter à un tel égarement
que de les repreſenter elles-mêmes
ſur des Theatres ſuperbes, qu'elles
élevent dans leurs propres maiſons.

Quelle horreur de les voir en-

trer dans l'esprit , & s'abandonner
aux passions des Comediens , d'as-
sister plus souvent à leurs representations , afin de mieux prendre leurs
airs , se conformer à leurs gestes &
à leurs prononciations , imiter leurs
postures indecentes, s'associer , s'il
faut ainsi dire , avec eux , & de devenir enfin d'indignes Comediennes , quel funeste progrez !

Ce qui est encore plus doulou-
reux , est qu'aprés s'estre infectées
elles-mêmes, on les voit souffler ce
venin & répandre cette contagion
dans le public par leurs honteuses
representations. Il faut leurs montrer pour les détourner d'une occupation si criminelle, quels sont les a-
nathêmes que les Conciles prononcent contre ceux qui s'y attachent,
& leurs faire voir qu'elles ont en-
couru les censures Ecclesiastiques.

L'Eglise, cette sage Mere, qui a
reconnu par une triste experience
les dangers inevitables qu'il y a
d'aller

d'aller à la Comedie & aux ſpectacles, s'eſt animée dans tous les temps
d'une ſeverité extraordinaire pour
deffendre & pour empêcher que les
Chrétiens, & les Cathecumenes mêmes, n'y aſſiſtaſſent.

Il eſtoit défendu dans le premier ſiecle d'admettre à recevoir le
baptême ceux qui eſtoient atta-
chez aux ſpectacles. Cela ſe voit
dans le Chapitre 32. livre 8. des
Conſtitutions Apoſtoliques.

Le Concile d'Elvire tenu en
305. n'a point voulu admettre les
Comediens qui vouloient embraſſer la foy, qu'ils n'euſſent auparavant renoncé à leur métier, en
ſorte qu'ils ne l'exercaſſent plus,
que s'ils y retournoient qu'on les
retranchât & qu'on les chaſſât de
l'Egliſe.

Le même Concile deffend aux
femmes & aux filles Chrétiennes,
& même aux Cathecumenes d'é-
pouſer les Comediens, que s'il y en

avoit qui les époufaſſent qu'elles
fuſſent excommuniées.

Le Canon 5. du Concile d'Arles
tenu en 314. excommunie les Comediens tant qu'ils en feront le
métier.

Le troifiéme Concile de Cartage
tenu en 397. Canon 2. fait de tres-
expreſſes défenſes aux Chrétiens
d'aſſiſter aux ſpectacles.

Le Concile d'Afrique tenu en 424.
prie les Empereurs Theodoſe & Va-
lentinien de ne point contraindre
les Chrétiens d'aſſiſter aux ſpectacles, ni d'en être les Acteurs; ce qu'ils
accorderent genereuſement, & même en défendirent les repreſentations les Dimanches, Fêtes ſolem-
nelles & des Apôtres. Cependant il
arrive par un déſordre épouventa-
ble qu'un grand nombre de Chrétiens y vont aujourd'huy plus fre-
quemment ces jours-là qu'aux autres, & ce qui étonne le plus, eſt
que les femmes & les filles ne ſe font

point de scrupule de reprefenter ces Comedies dans leurs maifons , & d'en être elles-mêmes les fcandaleu-fes Actrices.

Le fecond Concile d'Arles canon 20. excommunie les Comediens en termes formels , tant qu'ils en feront le métier ; les femmes & les filles qui l'exercent aujourd'huy n'encourent-elles pas la même excommunica-tion.

Le Concile de Trulle , tenu en 691. prononce le même anathême.

S. Charles Boromée enjoint aux Prêtres de fon Diocefe de remon-trer aux peuples que les Comedies font des reftes du Paganifme , qu'el-les font execrables & déteftables, & qu'elles attirent fur les peuples les af-flictions publiques , parce qu'on y trouve la fource des vices , comme eftant contraire à la difcipline de l'Eglife, & qu'elles font les inven-tions du démon.

Ne femble-t-il pas que les femmes

& les filles d'aprefent veulent encore attirer d'avantage fur cette capitale du monde les afflictions du Ciel dans un temps de miferes, où tous les peuples de l'Europe Chrétienne gemiffent plus ques les autres fous les fleaux de la colere de Dieu, par les reprefentations honteufes des Comedies qu'elles font dans leurs propres maifons, & tandis que tant de Dames illuftres font dans la pénitence, & fe dépouillent de leurs plus précieux ornemens pour foulager les Pauvres. Faut-il que ces troupes égarées s'oppofent à la mifericorde de Dieu, qui paroift vouloir répandre fes benedictions fur tant de Royaumes affligez, par les apparences d'une abondante recolte, n'y a-t-il pas lieu de craindre qu'une conduite fi déreglée ne fufpende & n'arrefte la rofée du Ciel.

Les autres Conciles qui ont fuivi & tous les Peres de l'Eglife ont condamné la Comedie avec plus de severité ; celles qui se jouent presentement sont encore plus dangereuses que les anciennes, quoy qu'on veuille dire qu'on les ait beaucoup corrigées.

Parce que si elles sont plus délicates, elles en sont plus dangereuses. Les Saints Peres sont d'avis qu'il faut chasser du Temple ceux qui y assistent, comme un Pere de famille chasse de sa maison un enfant dêreglé, & un Pasteur separe du troupeau les brebis qui sont gastées.

Aussi ces Saints Conciles sont encore à present observez à la rigueur; car lors qu'un Comedien demande qu'on luy administre les Sacremens, il faut auparavant qu'il renonce a la Comedie, sinon on les luy refuse ; & s'il vient à mourir, on ne l'inhume pas dans une terre sainte. Une peine si terrible ne doit-elle pas jetter une salutaire frayeur dans l'esprit de ceux ou de celles qui la répresentent.

B iij

Si l'Eglise univerſelle, les Conciles & les Peres ont condamné la Comedie avec tant de rigueur, que ne fera pas la Juſtice de Dieu? Comment penſer à luy dans un lieu où l'on ne le connoiſt pas? Comment devenir chaſte dans un endroit diſſolu? Comment chanter ſes louanges lorſqu'on eſt attentif aux recits fabuleux & ſeduiſans des Comediens.

La Comedie a cela de funeſte, qu'elle ſoüille l'imagination, rempli la memoire de ſouvenirs dangereux, ſéduit l'entendement, corrompt le cœur, & altere les mœurs. Ceux qui vont ſi hardiment à la Comedie & ſans ſcrupule ne doivent-ils pas à preſent trembler aprés tant d'Anathemes & de défenſe, à plus forte raiſon les perſonnes qui ont l'audace de les repreſenter dans leurs maiſons.

Car il faut ſçavoir qu'elles cauſent plus de mal & ſont plus criminelles devant Dieu que les Comediens mêmes; parce que c'eſt ſouvent la ne-

ceſſité qui les oblige à embraſſer une
ſi malheureuſe condition, & qui les
réduit à ſervir de ſpectacles & de
bouffons aux peuples, au lieu qu'elles s'y engagent par un pur déreglement. Ce qui eſt ſurprenant, eſt que
les Comediens mêmes à qui Dieu a
touché le cœur, conçoivent une ſi
grande averſion de la Comedie, que
nous voyons tous les jours les plus
capables d'entre eux, l'abandonner
genereuſement, aimer mieux ſe re-
duire dans une vie privée, ſacrifier
leurs intereſts, le faſte & le luxe,
plûtôt que de s'expoſer aux perils
de perdre leurs ames dans une ſi
dangereuſe profeſſion.

Il ſemble aujourd'hui que des femmes & des filles faineantes & trop
à leur aiſe, veulent reparer la perte que ces troupes font de leurs
meilleurs actrices pour ſe ſubſtituer
en leur place en faiſant leurs fon-
ctions : quelle honte & quelle indi-
gnité pour elles de devenir les ſup-

ports du demon , & des sources in-
fectez pour corrompre la jeunesse.

Mais quelle gloire peuvent - elles
acquerir que de passer dans le monde pour d'excellentes Comediennes
& de veritables bouffonnes, & de
faire regretter au public de ce qu'elles ne sont pas engagées dans ces
trouppes licentieuses , afin de le divertir tous les jours par leurs plaisan-
tes representations.

Si les peres & meres conside-
roient le danger que courent leurs
filles dans la societé de jeunes libertins qui y jouent leurs personnages
avec elles , & qu'ils sont obligez
d'admettre & de souffrir dans leurs
maisons , pour y faire les repetitions
necessaires , afin de bien réüssir. S'ils
connoissoient la familiarité que ces
sortes de societez insinuent, les ap-
proches qu'elles permettent , la liberté qu'elle donnent aux jeunes
gens , les entreprises qu'ils tentent,
les avantages qu'ils prennent dans

ces momens infortunez de la fragi-
lité humaine, aux deshonneurs qu'ils
causent dans leur famille, dont ces
dangereuses representations ont été
les funestes sources, ils se donne-
roient bien de garde de les souffrir
dans leurs maisons, & craindroient
avec raison que leurs filles ne se fis-
sent jouer elles-mêmes sur le Théatre, en y servant de sujet par les
malheureuses avantures qui leurs seroient arrivées.

Ce qui est encore tres-déplora-
ble, est qu'il se trouve des meres
assez egarées pour souffrir non seulement que leurs filles servent ainsi
de personnage à la Comedie, mais
qui veulent aussi en representer quel-
qu'une, & y jouer pareillement leur
rolle ; pour apprendre au public
qu'elles ont moins de sagesse & de
conduite que leurs filles ; & pour
parler sincerement, qu'elles ont plus
d'extravagance.

Un autre mal qu'elles causent ,

est le mauvais exemple qu'elles donnent , & la seduction qu'elles for-
ment dans l'esprit d'autres jeunes filles, qui se laissant ébloüir à l'éclat
du Théatre & aux acclamations dangereuses qu'on donne à celles qui
excellent dans cet art honteux, ne
cherchent plus qu'à les imiter & à for-
mer de nouvelles compagnies, pour
tâcher d'y paroître & y acquerir les
mêmes honneurs.

C'est ainsi que le vice s'insinuë
& qu'il corrompt insensiblement &
en peu de temps toute la jeunesse.

On dira peut-estre que ces sortes
de representations domestiques, ne
servent qu'à se divertir & à se desen-
nuyer, qu'il n'y a en cela rien de
criminel. Que tout se fait & se passe
en particulier ; qu'on n'y invite que
les meilleurs amis ; qu'il n'y arrive
ni désordre ni scandale : en un mot,
que c'est un amusement innocent
qu'on prend pour se rejouir. Et que
veut-on qu'on fasse pendant une

longue journée , fi on en retranche encore le jeu.

Il faut remarquer cependant que le Roy ne défend pas les jeux ordinaires , mais feulement ceux qui font dangereux & exceffifs.

Pour combattre ce foible raifonnement qu'on oppofe , il femble qu'il n'y ait que le crime qui faffe le veritable plaifir de l'homme; les divertiffemens innocens n'ont point de goût pour lui ; ils ne le touchent que quand ils font déreglez & défendus ; un repas fobre ne divertit point : il n'y a que l'excés qui l'anime ; une converfation ferieufe eft à charge ; un jeu moderé déplaît ; il faut que la converfation foit enjouée & maligne , & que le jeu foit exceffif.

Si la Comedie n'étoit pas défenduë , on n'iroit peut-eftre pas : on la regarderoit comme un amufement d'enfans ; mais parce qu'elle eft dangereufe & fouvent criminelle , on veut y aller.

Auſſi pour répondre en particulier à l'excuſe ordinaire des filles,
que c'eſt pour ſe rejouir, & qu'il
n'y a rien de blâmable dans les repreſentations domeſtiques qu'elles
font, ne ſont-elles pas obligées d'a-
voüer d'abord qu'elles ſont des faineantes & des oiſives, qui n'ont pas
aſſez d'eſprit pour s'occuper dans
leurs maiſons à des ouvrages agréables & à des divertiſſemens honnê-
tes : les Dames & les Filles Chrétiennes peuvent-elles demeurer ſans
occupation, ſi elles s'attachoient à
leurs ouvrages, la journée ne leur
paroîtroit pas ſi longue, & elle ne
s'addonneroient pas à ces indignes
repreſentations.

Que ſont devenus ces temps heureux & fortunez, où les meres vi-
gilantes ſur la conduite de leurs fi-
les, & les filles ſoumiſes à toute vo-
lonté, vivoient dans l'innocence,
& ne regardoient les ſpectacles que
comme la retraite des faineants &
des libertins.

Mais comment ofent-elles dire à
prefent qu'il n'y a rien de criminel
dans ces fortes de divertiffemens,
puifque lesConciles prononcent des
anathêmes contre les Comediens,
les féparent de la Compagnie des
Fidelles, leur interdiffent l'entrée
de l'Eglife, & la participation des
Sacremens,

Que fi elles alléguent que l'Eglife
ne lance les foudres de l'excom-
munication que contre les Comediens, ne craignent-elles point d'ê-
tre comprifes dans les mêmes pei-
nes, puifqu'elles font le même métier. La feule difference qu'il y a entre eux & elles, eft que les Comediens joüent par intereft, & elles
gratuitement, & c'eft en quoy elles
font plus coupables, parce que l'argent qu'on donne à la Comedie em-
pefche fouvent d'y aller : mais quand
il n'en coûte rien, on y va avec plus
de liberté & plus de joye. Et quoy
qu'elles n'y invitent que leurs amis,

qui en amenent d'autres avec eux. Le nombre en est toûjours grand, plus il y en a, plus elles se font honneur. Le scandale n'en est donc pas moins pernicieux, la censure moins maligne, le mauvais exemple moins dangereux, leurs maisons moins deshonorées, la raillerie publique moins picquante. Quel effroyable aveuglement de se vouloir divertir en perdant sa reputation, & de s'attirer par ces representations honteuses, la colere de Dieu, le mépris du Monde, & la perte de leurs ames.

Car on doit ici convenir de bonne foy, qu'il faut avoir en quelque façon perdu la pudeur du sexe pour avoir l'audace de monter sur un Théatre, exposées à la raillerie & à la censure publique, & même souvent déguisées sous des habits d'hommes, & les hommes sous des habits de femmes : rien n'est plus étroitement défendu, parce qu'il faut neceſſairement que l'Acteur ou l'Actrice entrent dans des paſſions qui ne ſont pas conformes à leur ſexe ; & par un mêlange auſſi monſtrueux, un homme apprend à devenir femme, & une femme perd la honte en apprenant les paſſions d'un homme.

Mais à quoy les peres & meres doivent bien prendre garde, & qu'ils empêchent par ces malheuſes repreſentations l'établiſſement & ſouvent la fortune de leurs filles. Quand on veut les rechercher en mariage, on ne demande pas qu'elles ſçachent bien reciter des Vers, qu'elles expriment vivement une paſſion par une déclamation étudiée, qu'elles ayent bonne grace ſur un Théatre, qu'elles ſoient badines & bouffonnes, qu'elles ayent bien diverti le public par des repreſentations agréables, ni qu'elles ayent parfaitement joué leur rolle. Au contraire, ce ſont de malheureuſes

diſpoſitions pour les faire mépriſer,
parce qu'elles leur donnent un air
hardi & éffronté qui rebuteroient
ceux qui voudroient penſer à elles.
Les plus débauchez même recher-
chent dans ces occaſions des filles
ſages, modeſtes, craignant Dieu,
aimant le travail & la retraite, œco-
nomes, prudentes, attachées à leurs
devoirs domeſtiques; ces filles ainſi
retenuës, ne manquent jamais de ſe
procurer de ſolides établiſſemens.

Au lieu que les autres qui ſont
diſſipées, languiſſent dans le triſte
état de filles âgées; ou ſe précipi-
tent par chagrin dans des mariages
infortunez, qui les rendent malheureuſes le reſte de leurs jours.

Voilà quelle eſt la fin ordinaire
de ces filles hardies, qui ſe veulent
diſtinguer par des manieres extra-
vagantes, & par la témerité qu'elles ont de monter & de paroître
ſur un Théatre, qui les rend ſem-
bles à des Comediens, & auſſi mé-

priſables

prifables qu'eux. Si les Conciles dé-
fendent de contracter mariage avec
des Comediens fous peine d'être in-
terdits de l'entrée de l'Eglife , quelle repugnance & quels obftacles ne
trouvera-t-on pas de prendre pour
époufes celles qui font le même métier.

On fe retranchera peut - eftre à
dire que c'eft donner un bon exemples , de reprefenter des Pieces fain-
tes, qu'elles édifient au lieu de cau-
fer du fcandale , on feroit mieux de
dire que c'eft plûtôt deshonorer les
Saints , parce que c'eft dans les Egli-
fes qu'on les revere & non fur un
Théatre. Il y a toûjours du mal dans
ces reprefentations , parce qu'elles
infpirent aux filles la même hardief-
fe & le même air de Comedien. Il
y a toûjours de la zizanie mêlée avec
le bon grain , parce qu'on y traite
fouvent leurs vertus & leurs actions
d'une maniere profane qui tient de
la grandeur du Paganifme , tout-à

D

fait contraire à l'esprit d'humilité de son Jesus-Christ ; & si on commence par des Pieces saintes, quand nous voudrions supposer qu'elles le sont à tous égards, c'est pour se préparer à en jours de comiques.

L'Hôtel de Bourgogne peut servir de preuve & d'exemple ; ce fut la simplicité des peuples qui introduisit d'abord dans cet Hôtel la representation des Mysteres de la Passion, mais combien peu dura cette simplicité? quels furent par la suite les abus qui obligerent de supprimer ces representations d'une intention dans leur origine aussi sainte ? quelle corruption des autres Comedies representées dans ce même Hôtel, & celles nommément des Comediens Italiens ? quelles furent leur ordures & leurs infamies ? Ceux qui prêtent leurs maisons pour jouer la Comedie, doivent apprehender le même sort.

Le fruit salutaire qu'on peut tirer de cette Lettre est d'avoir en aver-

fion la Comedie , qui eſt ſi dangereuſe , & ſi rigoureuſement defen-
duë , & ſur tout d'avoir en horreur
de la repreſenter dans ſa maiſon.

Quand on y va c'eſt entretenir les
Comediens dans leurs égaremens ,
parce que s'il n'y avoit point de ſpe-
ctateurs, il n'y auroit point de Comediens ; mais on ne peut pas l'élever d'avantage ni l'aimer que de la
repreſenter ſoy-meſme.

Quel funeſte aveuglement, on auroit honte de frequenter des Comediens , & d'aller en public avec eux,
& on en a point de les aller entendre & de les imiter; on devient bien-
tôt infame , en prenant plaiſir de
conter des infamies, à plus forte raiſon en les repreſentant.

Quelle ſérieuſe reflexion ne doivent
donc pas faire les femmes & les filles
ſur tant de raiſons ſi ſolides ; on eſ-
pere avec la grace de Dieu qu'elles
toucheront leurs cœurs. C'eſt l'objet
qu'on a eu dans cette cette Lettre,

D ij

par laquelle on n'a pas eu dessein d'offenser personne, mais seulement de reprimer ce grand mal.

Voilà, mon cher Amy, à quel excés sont montez les désordres de Paris touchant la Comedie, n'en estes-vous pas surpris & scandalisé. Que vous estes heureux dans vostre solitude, d'estre délivré de tous ces perils & de toutes ces occasions dangereuses, où vous n'avez plus d'autres spectacles devant les yeux que la grandeur de Dieu que vous contemplez, & les merveilles de la nature que vous admirez. Que vous estes mil fois heureux de regarder ce monde comme un grand Théatre où chacun jouë si differemment son personnage, où la figure passe, & où à la fin de la Piece, qui est la Mort, nous sommes tous reduits dans l'égalité d'une même condition.   Adieu.

F I N.

SENTIMENT
DE MONSIEUR
L'ABBE' DE VALLEMONT
SUR CETTE LETTRE.

MONSIEUR,

Je lûs dés hier au soir vôtre Lettre à un Ami. Il ne me fut pas possible d'en faire à deux fois ; tout y est si engageant, qu'on ne se peut pas défendre d'achever quand on a commencé. Les preuves que vous employées pour combattre la Comedie en general, la Comedie domestique en particulier, sont judicieuses, solides & excellentes ; tout y a un air de pieté, & une onction qui mettront de vôtre côté tous ceux qui liront vôtre Ouvrage. On ne peut peindre avec de plus vives couleurs ce défordre naiffant. Vous avez même donné un tour intereffant pour les familles, qui gagnera les Peres & Meres, chez qui la Pieté, la Religion, & même les fentimens d'honneur ne font pas entierement éteints. J'ai été tellement emporté par le merite & l'excellence de la matiere, que je n'ai point fait attention à la diction, où je n'ai rien trouvé qui m'ait arrêté. Vous ne fçauriez trop tôt rendre publique cet Ecrit, dont j'ai été tres-édifié. Je fuis, Monfieur, avec eftime & refpect,

Vôtre tres-humble & tres-
obeiffant ferviteur-
Signé, DE VALLEMONT.

Ce 7. *May* 1710.

d'expofer en vente ; à la charge auffi que l'impreffion fera
aite en beaux caracteres, fur de bon papier, dans nôtre
Royaume & non ailleurs, conformément aux Reglemens
de la Librairie & Imprimerie ; à peine de nullité des Préfentes; lefquelles feront regiftrées fur le Regiftre de laCom-
munauté des Imprimeurs-Libraires de nôrredite Ville de
Paris dans trois mois du jourde leur datte. Si vous mandons
& enjoignons que du contenu en icelles vous faffiez joüir
pleinement & paifiblement ledit Expofant ou ceux qui au-
ront droit de luy, fans fouffrir qu'il luy foit faitaucun empê
chement. Voulons auffi que la copie des Préfentes qui fe
imprimée au commencement ou à la fin dudit Livre foit te-
nuë pour düement fignifiée, & qu'aux copies qui en fera
ront collationnées par l'un de nos amez & feaux Confeil-
lers-Secretaires, foy y foit ajoûtée comme à l'Original.
Commandons au premier noftre Huiffier ou Sergent fur ce
requis, de faire pour l'execution d icelles, tous Actes ne-
ceffaires, fans demander autre permiffion, nonobftant cla-
meur de Haro, Charte Normande, & Lettres à ce contraires. CAR tel eft nôtre plaifir. DONNE' à Paris le deu-
xiéme our d'Aouft l'an de grace mil fept cens dix & de
nôtre Regne le foixante huitiéme. Par leRoy en fon Confeil , LE PETIT.

Regiftré fur le Regiftre n.3. de la Communauté des Libraires &
Imprimeurs de Paris,page 51. n.5 & conformément aux Reglemens,
& nottamment à l'Arreft du Confeil du 13. Aouft 1703. A Paris
le 11. Aouft 1710. **P. DELAUNAY** *, Syndic.*